INVENTAIRE GÉNÉRAL
DES
PILES GALLO-ROMAINES
DU SUD-OUEST DE LA FRANCE
Et plus particulièrement du département du Gers

PAR
PHILIPPE LAUZUN
Membre de la Société française d'Archéologie,
De la Société Historique de Gascogne, etc.

Avec dessins de M. le Commandant LAC de BOSREDON
Membre de la Société Académique d'Agen

CAEN
HENRI DELESQUES, IMPRIMEUR-ÉDITEUR
RUE FROIDE, 2 ET 4.

1898

INVENTAIRE GÉNÉRAL

DES

PILES GALLO-ROMAINES

DU SUD-OUEST DE LA FRANCE

Et plus particulièrement du département du Gers

PAR

Philippe LAUZUN

Membre de la Société française d'Archéologie,

De la Société Historique de Gascogne, etc.

Avec dessins de M. le Commandant LAC de BOSREDON

Membre de la Société Académique d'Agen

CAEN

HENRI DELESQUES, IMPRIMEUR-ÉDITEUR

RUE FROIDE, 2 ET 4.

—

1898

Extrait du *Bulletin monumental*. — Année 1898.

INVENTAIRE GÉNÉRAL

DES

PILES GALLO-ROMAINES

DU SUD-OUEST DE LA FRANCE

Et plus particulièrement du département du Gers.

La question des Piles revient plus que jamais à la mode. Tous les ans, le Congrès des Sociétés savantes à la Sorbonne s'en occupe; des fouilles récentes et d'ingénieuses théories semblent l'avoir fait entrer dans une voie nouvelle.

Depuis longtemps, de très nombreux auteurs ont diversement traité ce sujet, mais ils ne se sont jamais attachés qu'à un ou deux monuments de la région qu'ils habitaient. Aussi, nous a-t-il paru utile aujourd'hui de dresser un inventaire général de ces curieuses constructions qui s'élèvent encore dans le Sud-Ouest de la France.

Nous n'avons nullement la prétention de résoudre le difficile problème de leur destination, pas même d'ajouter une opinion nouvelle à toutes celles que l'imagination des archéologues enfante depuis plus d'un siècle. Nous croyons que la question n'est point résolue; mais nous espérons que de nouvelles fouilles ou quelque document formel ne tarderont pas à nous donner le mot de l'énigme.

Notre étude comprendra d'abord l'inventaire proprement dit des piles classées par département, puis un rapide exposé des principales hypothèses, émises pour expliquer leur destination.

Le département du Gers étant, de tous les départements de France, le plus riche en piles gallo-romaines, c'est par lui que nous commencerons (1).

I. — Gers.

Le département du Gers possédait, il y a moins d'un siècle, douze piles gallo-romaines. Quatre ont

(1) Notre collègue et excellent ami, M. Adrien Lavergne, vice-président de la Société historique de Gascogne, a déjà, dans son *Excursion de la Société française d'Archéologie dans le département du Gers en 1881* (Auch. Foix, 1883), appelé l'attention du monde savant sur les piles de ce département. Il en a même décrit trois d'une façon toute particulière et non les moins importantes. Son nom était donc tout indiqué pour signer ce travail, sinon seul, du moins en collaboration avec nous. Mais si, par une trop grande modestie, il s'y est formellement refusé, nous tenons à venir ici l'associer quand même à cette œuvre, ayant soin de reproduire in extenso, mieux que nous ne saurions le faire nous-même, ses savantes descriptions, et le remerciant une fois de plus de la générosité avec laquelle il nous a abandonné son volumineux dossier, fruit de patientes recherches et de sûres investigations.

été détruites. mais leur souvenir est resté. Huit subsistent encore, plus ou moins bien conservées. Nous allons les passer en revue en nous dirigeant de l'Est à l'Ouest, puis en obliquant vers le Sud.

1. *Pile de Peyrelongue, près du Masca.* — Commune et canton de Jegun, arrondissement d'Auch. — A l'extrémité nord de ce canton et au-dessus des sources sulfureuses du Masca et de la Fontaine-Chaude ; à égale distance à peu près des villages du Castéra-Verduzan au nord-ouest et de Lavardens au sud-est.

Sise sur un coteau élevé et près d'un bois qui paraît fort ancien, cette pile est éloignée de toute voie romaine. Le lieu, de tout temps nommé *Peyrelongue*, est indiqué par Cassini et de nos jours par la carte de l'État-major. A 800 mètres à l'ouest est une métairie appelée *La Couture.*

Il ne reste presque plus rien de cette pile, englobée dans les murs d'une maison moderne qui appartient à M. Branet, marchand de biens. On n'en voit plus aujourd'hui que six assises de pierres, en petit appareil romain, parfaitement cimenté, qui émergent, à la hauteur de $1^{m}70$ au-dessus du sol, d'un énorme contrefort en maçonnerie moderne, bâti au-dessous. Leur largeur n'est plus que de $1^{m}75$ sur $0^{m}70$ de hauteur Les autres côtés ont disparu dans l'épaisseur du mur ou ont été démolis.

M. du Mège seul a signalé l'existence de cette pile, mais sans l'avoir vue, au t. III, p. 299, de son *Archéologie pyrénéenne.*

Aucune fouille n'a été effectuée autour.

2. *Pile de Saint-Lary.* — Commune de Saint-Lary, canton de Jegun, arrondissement d'Auch. — A 7 kilomètres au sud de la pile précédente, en face de l'église de Saint-Lary et à 900 mètres à droite de la

PILE DE SAINT-LARY

grande route de Condom à Auch. Sur un coteau élevé et au milieu d'un bois de chênes. Elle n'est indiquée ni par Cassini, ni par l'État-major, ni par aucune carte du département. Joanne seul la signale à la page 177 de son Guide en Gascogne et Languedoc (1890).

La pile de Saint-Lary est la plus intéressante du département du Gers.

« C'est un massif de maçonnerie, écrit M. Adr. Lavergne, revêtu en petit appareil et qui a la forme quadrangulaire. Au haut se trouve une niche actuellement dépourvue de sa voûte, car toute la partie supérieure a été détruite. Cette niche s'ouvre entre deux pilastres au-dessus d'une corniche en saillie. Son ouverture est faite du côté du levant.

« Au-dessous, l'uniformité de l'appareil est interrompue par deux losanges allongés dans le sens vertical, formés de petits losanges en pierre de même nature que l'appareil et symétriquement placés à droite et à gauche. Plus bas, on distingue les traces d'un fronton dont les rampants ont été enlevés. Le tympan est formé de losanges horizontalement allongés. Des extrémités de ce tympan descendaient deux lignes verticales pour encadrer un rectangle orné d'une sorte de mosaïque, en pierre calcaire comme l'appareil, formée de carrés et d'hexagones allongés (1) ».

Voici les nouvelles mesures, aussi exactes que possible, que nous en avons prises récemment : hauteur totale de la pile, façade est, 10^{m}25 ; hauteur de la niche jusqu'à la naissance de l'arc, 3^{m}50. Le fond de cette niche n'est point plat, mais arrondi en cul-de-four. La voûte est en berceau plein-cintre. La hauteur du rectangle en appareil réticulé qui orne

(1) *Excursion de la Société française d'Archéologie dans le département du Gers*, par Adr. Lavergne, p. 1-2 Auch, 1883.

le milieu de cette façade est, y compris le tympan, de 2m30, le rectangle mesurant seul 1m70. La largeur de la niche, qui est la même que celle du rectangle, est de 1m90. Enfin, la largeur de cette façade est, comme celle de l'ouest, atteint 3m90, tandis que celle des deux autres faces, nord et sud, ne mesure que 2m90.

Sauf une large brèche pratiquée à l'angle nord-est, la pile de Saint-Lary a conservé presque intact son parement en petit appareil. De larges trous de boulin se voient sur ses côtés nord et sud. La façade ouest, exposée au mauvais temps, est la plus dégradée.

Tout semble faire supposer que la pile de Saint-Lary était, comme ses semblables, terminée par une pyramide quadrangulaire.

Un commencement de fouilles á été opéré, mais sans aucune suite, du côté du sud-ouest. A vingt mètres, en effet, on a creusé une tranchée qui a mis à découvert un vestige de murs en pierres sèches. Même tentative du côté nord et même résultat. On n'oserait conclure de ce simple fait que la pile était entourée d'un mur d'enceinte. En tout cas, ce mur ne serait point parallèle aux faces de la pile, mais il les rencontrerait diagonalement. Il serait du plus haut intérêt que des fouilles sérieuses y fussent pratiquées. Elles seraient d'autant plus aisées que la pile de Saint-Lary n'est point une propriété privée, mais a été acquise par le département du Gers en 1869 et est classée depuis comme monument historique.

La pile de Saint-Lary a depuis longtemps attiré l'attention des archéologues. Elle est citée sous le faux nom de pile de Saint-Jory par M. de Caumont, qui en a donné un dessin à la page 45 de son *Ère gallo-romaine*. Il croit voir, dans le rectangle à fronton indiqué par nous, une porte, alors que ce motif ne saurait être qu'un ornement décoratif.

Cette particularité a été remarquée également par M. Quicherat dans son rapport au Congrès des Sociétés savantes de 1863, sur une communication faite par M. Cénac-Moncaut (1).

Enfin, M. l'abbé Canéto en avait fait exécuter une lithographie, avec plan, destinée à orner un travail en préparation sur cet important sujet. Elle a été reproduite en tête du tome XXIII de la *Revue de Gascogne* (1882).

Comme la Peyrelongue du Masca, la pile de Saint-Lary se trouve à 1,800 mètres environ au nord-ouest d'un lieu dit *à la Couture*.

La vue que nous en donnons est prise du sud-est (2).

3. *Pile de La Serre*. — Commune d'Ordan-Larroque, canton de Jegun, arrondissement d'Auch. — A 2 kilomètres sud-ouest, à vol d'oiseau, de celle de Saint-Lary, entre le petit hameau de Lasserre au nord et la métairie de Pancaran à l'est, au fond d'un étroit vallon, dans une prairie marécageuse, sur les bords d'un petit ruisseau. A un kilomètre à peine au

(1) *Revue des Sociétés savantes*, 3e série, t. II, p. 487. Année 1863.

(2) Nous ne saurions trop remercier ici M. le commandant Lac de Bosredon de l'obligeance avec laquelle il a bien voulu collaborer à notre étude, en transformant nos simples photographies en dessins à la plume, dont nos lecteurs sauront apprécier toute la finesse, en même temps que le véritable sens archéologique.

nord de la voie romaine, dont on voit encore en bien des endroits l'antique chaussée, et qui allait d'Eauze à Auch, ou mieux de Bordeaux à Jérusalem. Cette pile n'est indiquée dans aucune carte connue.

PILE DE LASSERRE

La pile de Lasserre n'a jamais été décrite. Jadis quadrangulaire, comme la plupart de ses semblables, elle affecte aujourd'hui, à la suite des dégradations successives qu'elle a subies, la forme pyramidale. Sa hauteur actuelle est de 9 mètres; sa largeur, sur ses faces est et ouest, de 4 m. 50; sur celles nord et sud de 3 m. 20 seulement. Le parement en petit appareil se voit, quoique inégalement, sur ses quatre côtés, bien que celui de l'ouest, exposé au mauvais temps, soit plus détérioré et qu'on y ait percé une profonde ouverture, ce qui a permis de reconnaître que la pile était pleine. Il est impossible de distinguer actuellement si cette pile possédait une niche.

Orientée à peu près exactement, la vue que nous reproduisons est prise du sud-est.

Aucune fouille n'y a été pratiquée.

4. *Pile de Larroque.* -- Commune d'Ordan-Larroque, canton de Jegun, arrondissement d'Auch.—A 1 kilomètre au sud-ouest de la pile de Lasserre, et à 500 mètres à peine du château de Larroque-Ordan. Sur le bord même de la voie romaine précitée, à côté d'un bois de chênes et à l'extrémité d'un coteau très élevé, d'où la vue s'étend à l'ouest et au sud sur la vallée de l'Auloue et à l'est sur les pentes abruptes qui avoisinent le territoire d'Auch.

Mentionnée par Cassini sous le nom de *Peyrelongue* et indiquée par l'État-major comme point trigonométrique, à l'altitude de 222 mètres. Signalée, avec la précédente, par Joanne, dans son Guide de Gascogne et Languedoc, p. 178.

La Peyrelongue de Larroque, la plus haute de toutes celles du département, constitue un massif de maçonnerie pleine, quadrangulaire, revêtu, sur chacune de ses faces, d'un parement en petit appareil romain admirablement cimenté. Comme celle de Saint-Lary, elle était pourvue, sur sa face orientale, d'une niche dont on ne distingue plus que les premières assises. Cette niche était à fond arrondi en cul-de-four avec une voûte probablement en berceau.

PILE DE LARROQUE.

Construite sur la pente extrême du coteau, la hauteur actuelle de sa face orientale est de **10m20**; celle de sa face méridionale, plus en contre-bas, de

12 mètres. Sa largeur à l'est et à l'ouest est de 5m10; au nord et au sud, de 3m50 seulement.

Une profonde excavation a été creusée à l'angle sud-est, menaçant presque la solidité du vieil édifice. Sur le côté nord, le revêtement est demeuré intact.

Une petite niche, toute moderne, renfermant une statue de la Vierge, a été creusée au-dessous de la niche primitive.

La pile de Larroque n'a été signalée que par M. Cénac-Moncaut, dans son rapport, en 1863, au Congrès de la Sorbonne, ainsi que dans une note, à la page 197 du tome I de son *Histoire des Peuples pyrénéens*, mais sans aucune description.

La vue ci-contre est prise du sud-est.

Aucune fouille, croyons-nous, n'y a été effectuée.

5 et 6. *Piles du Mas de Biran.* — Commune de Biran, canton de Jegun, arrondissement d'Auch. — A 6 kilomètres à l'ouest-sud-ouest de la pile de Larroque. Dans la plaine et sur la rive droite de la Baïse, à 200 mètres à peine de cette rivière, entre le village du Brouilh, au sud, et celui de Biran, au nord-est. Comme les deux piles du Masca et de Saint-Lary, cette pile se trouve à proximité d'un lieu nommé *La Couture* : d'où le nom de *Turraco de la Couture*, sous lequel elle est connue. Elle n'est indiquée sur aucune carte. Joanne la signale, p. 177-178.

La pile du Mas de Biran est la mieux conservée de toutes celles du département du Gers.

« Elle est, a encore écrit M. A. Lavergne (1), for-

(1) *Excursion de la Société française d'Archéologie dans le département du Gers*, par Adr. Lavergne, p. 26. Auch, 1883.

mée par un massif quadrangulaire en maçonnerie, revêtu en petit appareil. Son couronnement n'existe plus. Le bas forme un soubassement de 2 m. 40 de haut, au-dessus duquel s'élève, en laissant une légère

PILE DU MAS DE BIRAN.

retraite, la tour massive munie vers le haut d'une grande niche, ouverte, cette fois, au midi. L'ouverture de cette niche est ornée d'une bande en saillie qui en fait le tour. Intérieurement, elle a une sorte de doubleau et s'arrondit en cul-de-four. Le côté est, le mieux conservé, est orné de bandes formant en légère saillie des pilastres avec chapiteaux et des encadrements ».

Les mesures suivantes, plus exactes, diffèrent sensiblement de celles déjà données approximativement. Hauteur totale de la face sud actuelle, 11m 10. La niche mesure seule 3m 50 de hauteur, 2m 50 de largeur, 2m 50 de profondeur. Largeur de cette façade sud : 5 mètres. Mêmes mesures pour la face opposée nord, où le revêtement est plus irrégulier et où se remarquent trois trous de boulin. La face ouest, la plus dégradée, mesure, avec la face est, 3 m. 75 de large sur une même hauteur de 11 mètres.

Tout semble faire croire que cette pile était couronnée par une pyramide quadrangulaire.

La vue que nous en donnons est prise du sud-sud-est.

Acquise, comme celle de Saint-Lary, par le département, elle est classée comme monument historique.

Il serait à désirer que des fouilles fussent faites tout autour.

La pile du Mas de Biran a été depuis longtemps signalée par M. Cénac-Moncaut comme une des plus intéressantes. Elle était accompagnée, nous apprend cet auteur, d'une autre pile semblable, distante d'elle de 15 à 20 mètres au plus (1).

La tradition du pays confirme en effet le dire de

(1) *Histoire des Peuples pyrénéens*, par M. Cénac-Moncaut. T. I, p. 197, note. Éd. in-12.

M. Cénac-Moncaut et veut qu'on ait trouvé sous la pile aujourd'hui détruite et qui appartenait à un ancien notaire de Biran, M. Aurensan : 1° une épée, qui fut donnée au chanoine Monlezun, auteur de l'*Histoire de la Gascogne;* 2° une clef romaine, qu'a possédée M. A. Lavergne et qui a été donnée par lui au Musée archéologique de la Société historique de Gascogne, à Auch, où elle est actuellement (1). D'où on pourrait conclure que cette pile était un tombeau.

La pile de Biran est citée dans le rapport de M. Quicherat au Congrès de 1863.

Aucun dessin, croyons-nous, n'en a jamais été donné.

Les cinq piles que nous venons de décrire se trouvent toutes dans le canton de Jégun. C'est dire combien elles sont rapprochées les unes des autres.

7. *Pile de Pontic.* — Commune de Barran, canton d'Auch-Sud. — Quittant la direction sud-ouest que nous avons suivie jusqu'ici à peu près en ligne droite et remontant la vallée de la Baïse vers le sud, nous rencontrons, à 10 kilomètres de la pile actuelle de Biran, toujours sur la rive droite de la Baïse, distante de cette rivière de 100 mètres à peine et dans la plaine, une pile, aujourd'hui détruite, mais qui existait encore il y a une vingtaine d'années. Elle était située juste en face du hameau de Pontic, riche

(1) Dans sa *Monographie de N D. de Biran* (Auch, Cocharaux, 1896), M. l'abbé Cazauran, rappelant les origines de Biran, signale également les deux piles du Mas, la seconde, aujourd'hui détruite, se trouvant d'après lui, plus au nord, près du hameau de Breuils (?)

on le sait, en souvenirs gallo-romains. Contre le mur d'une étable on aperçoit, en effet, un revêtement assez large en petit appareil ; et, au devant, se distinguaient très nettement encore, il y a quelques années, des fragments de mosaïques rouges, blanches et noires.

Tout porte à croire que la pile de Pontic était une dépendance de la villa gallo-romaine qui se trouvait en cet endroit, centre d'une exploitation agricole d'une grande importance. N'aurait-elle pu servir de tombeau de famille ?

Il serait facile, aujourd'hui qu'elle est entièrement détruite, de s'en assurer, en pratiquant des fouilles sur son emplacement.

La pile de Pontic, comme celle de Biran, se trouvait très certainement le long d'une voie antique, qui devait suivre la vallée de la Baïse.

Elle n'est indiquée sur aucune carte.

8. *Pile d'Ortolas-La Mazère.* — Commune de Miramont, canton et arrondissement de Mirande. — Sur un des coteaux qui bordent la rive droite de la petite Baïse, un peu avant le confluent de cette rivière avec la grande Baïse à l'Isle de Noë, à 3 kilomètres au sud-est de ce dernier village, et à 1,500 mètres au nord-ouest de celui de La Mazère, qui lui a donné son nom ; à 5 kilomètres par conséquent au sud-est de la pile détruite de Pontic.

La pile de La Mazère se trouve à 500 mètres à peine au nord de la halte d'Ortolas, station qui précède celle de l'Isle de Noë, sur la voie ferrée d'Auch à Mirande. De là le nom d'*Ortolas-La Mazère* que nous croyons devoir lui donner. Malgré sa position stratégique, car elle commande les deux vallées de la

PILE D'ORTOLAS-LA MAZÈRE

Baïse et de la petite Baïse, elle n'est indiquée ni par Cassini, ni par l'État-major. Joanne seul la signale à la page 171 de son Guide.

La pile d'Ortolas-La Mazère est une des plus massives que nous connaissions. Démolie à la naissance de la niche toujours tournée vers l'est, ainsi que l'indiquent ses premières assises encore visibles, elle est formée d'un bloc de maçonnerie pleine, quadrangulaire, uniformément revêtu en petit appareil. La largeur de ses faces est et ouest est de 4 mètres, celle des faces nord et sud de 3m 20. Sa hauteur, jadis plus considérable, ne dépasse pas actuellement 5m 50 sur sa façade nord, la mieux conservée.

Cette façade, ainsi qu'on peut le voir sur notre dessin pris du nord-ouest, se compose d'un soubassement de trois assises sur lequel repose un premier étage de dix-huit assises formant saillie. Au-dessus, se dessine une espèce de corniche en retrait de six assises, qui supporte à son tour, et également en retrait, un second étage, bien parementé, de trente-deux autres assises en petit appareil. Ce compartiment, à peu près intact, est encadré comme à Biran, par une bande de pierre, formant saillie, du plus joli effet.

La face est est aujourd'hui entièrement recouverte de lierre. Une grosse ouverture a été percée sur la face ouest, dont le revêtement est bien conservé. Du côté sud enfin, le lierre l'a quelque peu endommagée.

Cette pile n'a été signalée, très sommairement, que par M. Cénac-Moncaut.

Elle n'a jamais été fouillée.

A 2 kilomètres au nord, se trouve encore un lieu dit *à la Couture*.

9 et 10. *Pile d'Artigues.* — Commune, canton et arrondissement de Mirande. — A 7 kilomètres au sud de la pile de Pontic et à 4 au sud-ouest de celle de La Mazère. Toujours sur la rive droite de la Baïse, à 500 mètres du pont du chemin de fer, à peu

PILE D'ARTIGUES.

près à égale distance du village de Mouchès au nord et de la ville de Mirande, du sud de laquelle elle n'est séparée que par 3 kilomètres. Non loin de la voie antique qui devait longer le cours de la Baïse.

Cette pile n'est indiquée sur aucune carte. Elle n'est pas non plus mentionnée par le Guide Joanne.

Avec M. Cénac-Moncaut, qui le premier l'a signalée, nous l'appellerons pile d'*Artigues*, du nom d'un petit hameau, situé à 1,500 mètres environ au sud-est.

De la pile qui subsiste encore aujourd'hui il ne reste plus qu'un gros bloc de maçonnerie massive, quadrangulaire, revêtu sur chaque face d'un parement en petit appareil, plus ou moins bien conservé, et qui n'est que la base de l'ancien édifice. Il est donc impossible de savoir si cette pile contenait une niche à sa partie supérieure.

Sa hauteur actuelle ne dépasse pas 3m 80. Sa largeur est de 3 mètres exactement sur ses faces est et ouest, de 2m 50 sur celles du nord et du midi. Le côté nord, sur lequel on distingue encore un encadrement régulier, formé par plusieurs bandes en saillie, est le mieux conservé.

La vue que nous en donnons est prise du sud-est.

La pile d'Artigues, comme celle du Mas de Biran, était accompagnée d'une autre pile, aujourd'hui détruite, mais qui existait encore au temps où M. Cénac-Moncaut écrivait ses brochures archéologiques et historiques sur la Gascogne. Dans son *Histoire des Peuples pyrénéens* (t. I, p. 197, note), et dans son *Voyage archéologique dans l'ancien comté de Comminges* (p. 30), enfin dans son rapport au *Congrès des Sociétés savantes* de 1863, il signale ces deux piles, qu'il avait vues, comme des plus intéressantes. « La pile d'Artigues, y est-il dit, était accompagnée naguère d'une autre construction toute pareille, éloignée d'elle par un intervalle de 17 mètres seulement. Il y avait en outre ceci de remarquable qu'un mur d'enceinte, formant les trois côtés d'un carré, prenait naissance sur le revers des deux massifs ». Et les comparant aux deux piles jumelles de Labarthe-Rivière, dans la Haute-Garonne, il ajoute : « Néanmoins, quoique ces monuments soient à la même distance de 17 mètres, et que certaines substructions semblent prouver qu'ils faisaient partie d'une enceinte sacrée, ils ne se trouvent pas situés sur le même axe et semblent avoir été construits au hasard à deux époques différentes ».

Rapprochées des nouvelles découvertes, faites par MM. Lièvre et Musset, autour des piles de la Saintonge, ces considérations, déjà anciennes, de M. Cénac-Moncaut sont un appoint des plus importants pour ceux qui voient dans les piles gallo-romaines des monuments religieux, soit, au début, des idoles mêmes, soit, plus tard, de simples temples consacrés à quelque divinité païenne.

Il serait bon que de nouvelles fouilles fussent pratiquées autour de la pile d'Artigues et plus encore sur l'emplacement même où se trouvait celle qui a été détruite à ses côtés.

11. *Pile de la Tourette.* — Commune, canton nord et arrondissement d'Auch.

Il existait, au commencement de ce siècle, sur un des coteaux qui dominent à l'ouest la ville d'Auch, une pile gallo-romaine, aujourd'hui entièrement détruite. Elle était située à 2 kilomètres nord-ouest du centre de la ville, là où s'élevait naguère un des trois moulins *de la Tourette*, auquel elle avait servi de base, et qui, à son tour, a été démoli.

Nous ne connaissons d'elle que cette description qu'en donne M. Lafforgue, à la page 161, tome II, de son *Histoire de la ville d'Auch :*

« Nous gravirons le chemin d'Hourdax et nous arriverons au sommet où était autrefois une grosse tour, qui présentait à la hauteur de 2 mètres environ, *une grande niche où pouvaient contenir dix à douze personnes*. C'était une de ces tours itinéraires, d'une haute antiquité, romaine suivant toute apparence, et qui correspondait avec une autre de la même forme et du même style, qu'on voit encore à l'ouest de celle-ci, dans la commune de Saint-Lary. L'une et l'autre se trouvaient sur la voie romaine d'Auch à Eauze. Au moyen âge la première fut un fort avancé qui correspondait avec la ville et où l'on plaçait un poste. C'est avec les débris de cet antique monument que furent construits les moulins, (au moins un) qu'on appelle *moulins de la Tourette*, en souvenir de la tour ».

Si cette description est exacte, la dimension de la niche « à 2 mètres seulement de hauteur et où pouvaient contenir dix à douze personnes », rapprocherait ce monument beaucoup moins du type des piles précédentes que de celui, si curieux et si intéressant, de la Monjoie de Roquebrune que nous allons décrire et qui clot la série des édicules gallo-romains du département du Gers.

12. *La Monjoie de Roquebrune*. — Commune de Roquebrune, canton de Vic-Fézensac, arrondissement d'Auch. — A 7 kilomètres sud de Vic-Fézensac; dans la vallée et sur la rive droite de la Guiroue.

Loin de toute voie romaine, elle n'est indiquée sur aucune carte. Joanne seul la mentionne à la page 178 de son Guide de Gascogne et Languedoc, comme un curieux édicule gallo-romain.

Ce monument est en effet, croyons-nous, unique dans son genre.

La Monjoie de Roquebrune est-elle à propre-

LA MONJOIE DE ROQUEBRUNE.

ment parler une pile, de même destination que les précédentes ? Nous ne le pensons pas. Certes son appareil, sa forme quadrangulaire, sa niche, la rattachent à cette même famille de monuments. Mais de nombreuses particularités l'en détachent, que nous allons signaler et qui font que nous devons voir en elle un véritable Temple, une *Cella* dans le sens propre du mot.

Sa niche, du reste, beaucoup plus vaste et qui à elle seule constitue tout le monument, ne s'élève actuellement qu'à 2 mètres au-dessus du niveau du sol. Il est vrai que ce niveau a dû s'élever d'au moins 1 mètre depuis quinze siècles, c'est-à-dire depuis l'époque de son origine, si l'on tient compte de l'exhaussement naturel dû au transport incessant des terres amenées dans la vallée par les pluies. Néanmoins, même à 3 mètres de hauteur, ce sanctuaire était beaucoup plus bas que les petites niches des piles précédentes.

« La Monjoie de Roquebrune, écrit M. Lavergne (1), se compose d'une base rectangulaire en maçonnerie massive sur laquelle s'élèvent trois murs : celui du nord et celui du midi, qui supportent une voûte en berceau plein-cintre, celui du couchant qui clôture le monument par une surface plane. Cet édifice est complétement ouvert au levant.

« L'appareil est le petit appareil romain des piles. Il est en tuf sur toute la base ; au-dessus sont posées cinq assises en calcaire ; puis une corniche formée de trois assises ; l'inférieure, la moins saillante, est en tuf, l'intermédiaire en calcaire, la supérieure et la plus saillante en tuf. Le haut de cette corniche correspond avec le niveau de l'intérieur. Au-dessus, tout l'appareil est en pierre calcaire.

« Ce monument a des dimensions assez restreintes.

(1) *Excursion de la Société française d'Archéologie dans le département du Gers*, par Adr. Lavergne ; Auch, 1883, p. 3.

Extérieurement, il mesure 4m 50 de face et 5m 15 de côté. Il a intérieurement 4m 15 de profondeur, 2m 40 en largeur. Mais, à peu de distance de l'entrée, les murs forment de chaque côté une retraite de 0m 32, peut-être pour recevoir les vantaux d'une porte.

« Chacun des murs latéraux contient les restes d'une petite niche à fond plat et voûtée à plein-cintre. Le mur du fond présentait autrefois un avancement dont on voit les arrachements et quelques parties encore existantes. Cet avancement renfermait une niche voûtée en cul de four que l'on reconnaît d'une façon incontestable. N'était-ce pas un autel bâti en même temps que l'édifice qui renfermait dans une niche la statue de la divinité principale, honorée dans ce petit temple, tandis que les niches des côtés contenaient chacune la statue de quelque divinité moins importante? »

Nous appuyant sur ces données et invoquant les témoignages d'abord de M. de Caumont, qui, à la page 216 de son *Ère gallo-romaine*, nous explique comment la plupart des temples anciens étaient de dimensions restreintes, puis de M. Barry, dans sa *Monographie du Dieu Leherenn d'Ardièges*, lequel, décrivant un temple païen, nous le représente à peu près tel que l'était notre Monjoie, ne devons-nous pas conclure que l'édicule de la vallée de la Guiroue doit être considéré comme un temple. Temple païen d'abord, ainsi que le prouvent, trouvés à ses côtés, deux monnaies en bronze de Faustine et de Domitilla, plus un sigillum rectangulaire en bronze avec cette inscription : T. ÆL. HELIODORI (sigillum Titi Ælii Heliodori), enfin de nombreuses tuiles à rebord ; temple chrétien ensuite, comme l'indique ce nom de Monjoie (1), si fréquemment appliqué pendant le moyen âge à de petits oratoires champêtres, devenus rares en Gascogne, mais encore assez nombreux dans la région pyrénéenne.

La Monjoie de Roquebrune n'avait été décrite, avant M. A. Lavergne, par personne. Il serait du plus haut intérêt que des fouilles sérieuses y fussent pratiquées.

Notre vue est prise du nord-est.

En résumé, le département du Gers possédait, il y a peu de temps encore, douze piles gallo-romaines. Quatre ont été détruites, huit existent plus ou moins bien conservées. Deux étaient doubles, celles du Mas de Biran et d'Artigues. Les huit autres étaient isolées.

Sauf les piles du Masca, de Saint-Lary, de Lasserre et de Roquebrune, toutes avaient été élevées le long d'une voie romaine ; encore celles-là en étaient-elles fort peu éloignées.

Dans toutes celles qui ont conservé une certaine hauteur, on constate l'existence d'une niche, laquelle est invariablement tournée vers le soleil levant. Celle du Mas de Biran, ouverte au midi, fait seule exception.

Toutes enfin sont sur un plan rectangulaire, parementées sur chacune de leurs faces en petit appareil cubique.

En existait-il d'autres primitivement? Tout porte

1. Voir : du Cange : *Mons Gaudii ;* — Viollet-le-Duc, art. *Station ;* — Beaudouin, *Mémoires de l'Académie des sciences de Toulouse,* Série VII, t. V ; — enfin, l'abbé Cazauran : *Revue de Gascogne,* t. XIX, p. 33.

à le croire, les noms de *Peyrelongue*, *Peyrelade*, et surtout ceux de la *Turraquo*, la *Tourasse*, la *Tourette*, etc., se retrouvant en maints autres endroits, notamment entre Beaucaire et Valence-sur-Baïse, où se voient, en un lieu de ce nom, des vallonnements en terre rapportée, prouvant l'existence d'un ancien refuge, camp, *castrum*, en un mot d'un centre d'occupation quelconque à une époque indéterminée.

M. l'abbé Cazauran, dans une intéressante notice sur le temple de Sansan (1), a cherché à identifier le vieux clocher de cette église à un monument gallo-romain. Il le présente « à la fois comme la stèle la « plus complète, la plus élégante Montjoie, la plus « parfaite des piles ». Il base son opinion sur la découverte de plusieurs tombeaux au-dessous.

Nous ne saurions partager sa manière de voir. Le clocher de Sansan n'est, sur aucune de ses faces, revêtu du petit appareil romain. On ne retrouve dans les assises de ses pierres nulle trace de ciment romain. Ce ne sont ni les mêmes proportions, ni les mêmes dispositions. Ce monument n'offre que le type bien connu du clocher roman à la plus ancienne époque, laquelle ne saurait toutefois remonter au-delà du Xe siècle. On ne peut donc le comprendre parmi les piles gallo-romaines du département du Gers.

(1) *Temple païen de Sansan*, par M. l'abbé Cazauran. Paris, Maisonneuve, 1890.

II. — Lot-et-Garonne.

Le département de Lot-et-Garonne a possédé jusqu'à neuf piles gallo-romaines ; quatre existent encore, cinq ont été détruites ; mais leur emplacement est facile à déterminer.

1. *La Tourasse d'Aiguillon.* — Commune et canton d'Aiguillon, arrondissement d'Agen. — A 1 kilomètre au sud de la ville d'Aiguillon, entre cette ville et le village de Saint-Côme, tous deux riches en souvenirs gallo-romains. Indiquée par Cassini sous le nom faux de la *Lugosse* pour la *Tourasse*, par l'État-major sous les deux noms de *Peyrelongue* et de la *Tourasse* et signalée par Joanne à la page 62 de son Guide de Gascogne et Languedoc. En plaine ; à la jonction de la voie romaine de Bordeaux à Agen, et de celle de Sos à Excisum, le long de la vallée du Lot.

Tour massive en petit appareil, et, particularité remarquable, circulaire. Plus qu'à moitié détruite, sa hauteur actuelle ne dépasse pas 5 mètres. Sa circonférence est de 9 mètres. Elle est appuyée contre une maison moderne ; ce qui empêche d'en faire le tour.

La Tourasse d'Aiguillon a depuis longtemps attiré l'attention des archéologues. Signalée maintes fois au siècle dernier, elle a été décrite pour la première fois par B. de Saint-Amans, dans son *Essai sur les Antiquités du département de Lot-et-Garonne*. Cet auteur combat l'opinion qu'elle ait pu servir de borne indicative des limites du territoire des Nitiobriges à l'ouest et croit qu'il ne faut voir en elle qu'un édifice consacré à Mercure, protecteur des chemins et du

LA TOURASSE D'AIGUILLON.

commerce, ou peut-être un poste militaire, destiné à défendre le passage de la Garonne, en cet endroit où commence la Ténarèse. « Depuis un temps immémorial, ajoute-t-il, et jusqu'à la Révolution, la procession des Ambarvales (?) chrétiennes venait y faire une station » (1). Un dessin, mal fait, accompagne sa description.

Dans sa *Guienne monumentale*, t. I, 2e partie, Ducourneau en donne également une reproduction très inexacte sous le nom de *Borne milliaire de Saint-Côme, près d'Aiguillon.*

M. le marquis de Catelnau-d'Essenault l'a décrite dans ses *Souvenirs archéologiques de la ville d'Aiguillon* (2). M. Mellet la signale dans sa *Monographie sommaire de la commune d'Aiguillon* (1887), ainsi que M. l'abbé Alis dans sa volumineuse *Histoire de la ville d'Aiguillon et de ses environs* (*1895*), p. 17. Il la présente comme une tour-signaux, alors que M. le colonel Duburgua, dont il reproduit le passage du manuscrit, la considère plutôt comme un tombeau.

Enfin, de nos jours, M. G. Tholin, dans son travail en cours de publication sur les *Origines de l'Agenais* (3), la considère avec celles de Buzet et de Bourran, dont il va être parlé, comme ayant dû servir plus particulièrement de borne le long des deux voies romaines de *Burdigala* à *Aginnum* et de *Sos* à *Excisum*, ces trois piles se trouvant exactement à 3 lieues gauloises l'une de l'autre (4).

(1) *Essai sur les Antiquités du département de Lot-et-Garonne* (1re notice, p. 23, et 8e notice, p. 178), par Fl. Boudon de Saint-Amans. Agen, 1859, in-8o.

(2) *Bulletin monumental*, 1873.

(3) *Revue de l'Agenais*, t. XXIII, p. 49-52.

(4) Considérée jusqu'à ce jour comme valant 2,250 mètres, la lieue gauloise est estimée par Quicherat l'équivalent de 2,415 m., et par MM. Lièvre et C. Jullian, 2.436 mètres.

Des fouilles ont été pratiquées depuis longtemps tout autour de la Tourasse dans un rayon de 100 mètres environ. Elles ont amené la découverte d'une statuette en bronze, de nombreuses poteries romaines, de tuiles à rebord, enfin de monnaies d'or, d'argent et de bronze, aux effigies de Vespasien, de Domitien, d'Antonin, de Constantin, de Faustine, etc., actuellement possédées par M. Boussac, propriétaire à La Gravisse. Parmi les plus curieux objets de sa collection, il faut citer un fragment d'épée romaine, un support de lampe en bronze, des boucles de ceinturon, enfin un sigillum en lapis-lazuli représentant « un guerrier de haute stature, coiffé du casque romain, un pied sur une base de colonne et recevant une palme d'un personnage plus petit » (1), le tout trouvé près de la pile, soit dans les champs, soit dans six puits de construction romaine, remplis d'ossements, d'urnes, de cendres et que l'on croit être des silos funéraires.

La vue que nous en donnons est prise du midi.

2. *Pile de Peyrelongue de Buzet.* — Commune de Saint-Pierre-de-Buzet, canton de Damazan, arrondissement de Nérac.—A 1 kilomètre au nord du petit village de Saint-Pierre-de-Buzet, remarquable par son église romane. Indiquée par Cassini et par l'État-major sous le nom de *Peyrelongue*, oubliée par Joanne. Sise à la presque extrémité du coteau qui domine la rive gauche de la Garonne, en face de la vallée du Lot. Vue admirable au levant, au nord et au midi.

(1) *Histoire d'Aiguillon*, par M. l'abbé Alis, p. 19.

La pile de Peyrelongue est. comme ses semblables, un massif rectangulaire, plein, parementé en petit appareil. Sa hauteur actuelle est de 8^{m} 10. Vers son

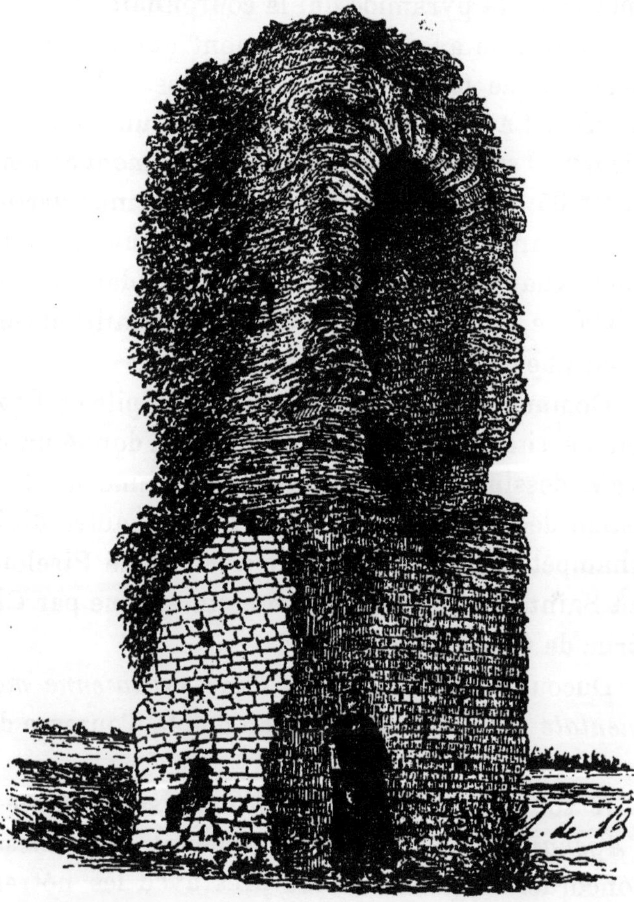

LA PEYRELONGUE DE SAINT-PIERRE-DE-BUZET

milieu, à 4^{m} 30 et sur sa face orientale, s'ouvre une niche en cul-de-four, voûtée en berceau plein-cintre, de 2^{m} 68 de hauteur sur 1^{m} 85 de largeur et 1^{m} 70 de profondeur. Exactement tournée vers l'est, elle ne regarde qu'obliquement la Tourasse d'Aiguillon, située au nord-ouest. Au-dessus de la niche se distinguent assez nettement les premières assises de pierre de la pyramide qui la couronnait.

Cette pile avait primitivement une largeur égale sur chaque face, de 3 m 83 à la base. Elle était donc carrée. La base, plus large, formait un avancement de 0 m 20 sur chaque face. Cet avancement commence à 0 m 05 au-dessus du sol et il se continue verticalement dans la terre jusqu'à 0 m 65 ; hauteur probable de l'exhaussement du sol depuis sa fondation. A cette distance, on rencontre le roc qui a été taillé et semble continuer la tour.

Comme la Tourasse d'Aiguillon, la pile de Buzet a été décrite par Saint-Amans, qui en a donné un mauvais dessin (1). Il la considère comme un temple païen dédié au dieu Pan ou à quelque autre divinité champêtre, et il la compare à la pile de Pirelongue en Saintonge, décrite déjà à cette époque par Chaudruc de Crazannes.

Ducourneau la reproduit dans sa *Guienne monumentale* sur la même planche que la Tourasse d'Aiguillon.

A son tour, M. G. Tholin, dans ses *Origines de l'Agenais*, la décrit minutieusement. Ses mesures concordent à peu de chose près avec les nôtres. Il constate en plus qu'autour de l'ouverture circulaire percée dans la voûte de la niche, les pierres ont été noircies par l'action du feu. Recherchant la station de *Fines* et les limites du territoire des Nitiobriges à

(1) *Essai sur les Antiquités du département de Lot-et-Garonne*, VIIIe notice, p. 179-180.

l'ouest, M. Tholin est amené à considérer cette pile comme marquant peut-être l'emplacement même de Fines, entre *Ussubium* d'un côté et *Aginnum* de l'autre, ou tout au moins comme un point de repère soit religieux (temple), soit utilitaire (fanal), sur la voie antique de Bordeaux à Agen.

Un commencement de fouilles a été exécuté, au-devant de la pile, par M. l'abbé Dubois, curé de Saint-Pierre-de-Buzet. Mais ces fouilles n'ont pas été assez prolongées pour permettre de constater l'existence d'un mur de pourtour.

La vue que nous en donnons est prise du sud-est.

3. *La Tourasse de Bourran.* — Commune de Bourran, canton du Port-Sainte-Marie, arrondissement d'Agen.—A 500 mètres au sud-ouest du village de Bourran, et à 6 kilomètres au nord-est de la ville d'Aiguillon ; le long de la voie romaine qui, continuant la Ténarèse, remontait la rive gauche du Lot. Indiquée sous ce nom par Cassini et l'État-major.

Cette pile n'existe plus ; mais son souvenir nous a été conservé par le manuscrit du colonel Duburgua sur les *Antiquités d'Aiguillon*, publié presque *in extenso* par M. l'abbé Alis, dans son *Histoire de la ville d'Aiguillon*, p. 12.

« On peut signaler, écrit M. Duburgua, sur le parcours de la voie romaine quelques souvenirs antiques. Le nom bien significatif de La Tourasse près de Bourran ne laisse aucun doute sur l'existence d'une tour dont la place ne serait peut-être pas trop difficile à déterminer. Immédiatement au sortir du village, après avoir franchi un ruisseau qui traverse l'ancienne voie, on trouve un emplacement qui d'un côté porte le nom de *Darré-la-Tour*, de l'autre un champ appelé *aous Campots*, etc. »

M. Tholin ajoute qu'une Tourasse analogue à celle d'Aiguillon devait être en effet bâtie sur ce point, les deux piles étant exactement à 3 lieues gauloises l'une de l'autre (6 kil. 700 m., à vol d'oiseau).

4. *La Tourasse de La Garrigue.* — Commune de ce nom, canton du Port-Sainte-Marie, arrondissement d'Agen.

Non indiquée par les cartes, cette pile est aujourd'hui détruite. Nous ne connaissons d'elle que ce que nous en apprend M. le marquis de Castelnau-d'Essenault dans ses *Souvenirs archéologiques de la ville d'Aiguillon* (1). « La Tourasse d'Aiguillon correspondait, dit-il, au couchant avec la Peyrelongue de Buzet, et au levant avec une troisième pile, dont on voyait encore des vestiges, il y a trente ans, au village voisin de *La Garrigue*, le long de la voie romaine, à proximité du village, au lieu appelé la *Croix de Richard*, où passait l'ancienne voie de la Tourasse de Bourran à Saint-Côme ».

M. l'abbé Alis, qui reproduit ce passage, ajoute qu'il existe des moëllons en petit appareil encastrés dans le mur nord de l'église de La Garrigue, provenant peut-être des ruines de la Tourasse, et que, dans les environs immédiats, on a découvert de nombreux vestiges de débris gallo-romains.

5 *Pile de Peyrelongue de Roquefort.* — Commune d'Estillac, canton de Laplume, arrondissement

(1) *Bulletin monumental*, 1873, p. 743 et suiv.

d'Agen. — A 1,600 mètres au nord du château d'Estillac et à 500 mètres à l'est de celui de Roquefort ; dans la plaine, au bas des premiers coteaux de la rive gauche de la Garonne. Non indiquée sur les cartes. Joanne la mentionne, p. 174. La carte de l'État-major indique bien, à 1 kilomètre sud-ouest de cette pile un lieu appelé *Peyrelongue;* mais, après vérification, ce lieu ne comporte aucune trace actuelle de construction gallo-romaine. Peut-être une pile double existait-elle autrefois en cet endroit ?

La Peyrelongue de Roquefort est aujourd'hui dans un état informe. Son revêtement en petit appareil a totalement disparu. Il ne reste de cette pile qu'un gros bloc de maçonnerie massive, dont le ciment romain ne peut toutefois laisser aucun doute sur son origine. Elle affecte actuellement la forme d'une pyramide tronquée, dont la hauteur du côté est, le plus élevé, ne dépasse pas 3 mètres La largeur de sa base, du même côté, est de 2 mètres.

D'abord signalée par M. J. de Laffore, cette pile est également mentionnée par M. Tholin, comme s'élevant sur le bord de la voie romaine qui partait du Passage d'Agen pour gravir le coteau d'Estillac, gagner Aubiac et les ruines romaines de La Gleisette et de là se prolonger soit vers Laplume au sud, soit plutôt au sud-ouest dans la direction de Nérac. D'après lui, elle se trouverait à 3 lieues gauloises de la ville d'Agen, « distance bien voulue, ajoute-t-il ; car, en reportant la construction de cette pile à 300 mètres au-delà, en tirant vers le sud, on l'aurait assise sur un point culminant et rendue apparente de fort loin » ; ce qui le détermine à penser qu'elle servait de borne le long du vieux chemin romain.

Il serait facile de faire des fouilles autour de cette pile, qu'aucun dessin n'a jamais reproduite.

6. et 7. *Piles de Quercy.* — Commune et canton de Castillonnès, arrondissement de Villeneuve. — A 3 kilomètres sud-sud-est de Castillonnès.

Signalées par M. Tholin, nous ne connaissons ces piles que par ce qu'en dit M. Bouissy dans son *Histoire de la ville de Castillonnès* (1). « Nous lisons, écrit-il, dans une reconnaissance féodale de 1470, que les fossés du camp romain existaient encore à cette époque et que sur la colline de *Quercy* se dressait la tour en briques de ce nom dont les restes sont encore visibles (1885). Le voisinage du castrum nous fait supposer qu'elle était un poste-signaux comme celles qui existent encore près d'Aiguillon et de Buzet. Elle correspondait vers le sud avec une autre tour, placée dans la commune de *Boudy*, et, vers le nord, avec une autre encore, située dans celle de *Monmarvès*, cette dernière en Dordogne ».

Ces tours qui ne sont mentionnées sur aucune carte et dont celle de Quercy, bâtie en briques, existerait encore, s'élevaient sur le parcours de la voie romaine d'Agen à Périgueux par *Excisum*. Faut-il voir en elles des piles semblables aux précédentes, ou simplement des tours de garde dans un but purement militaire?

8-9. Il semble que deux autres piles aient existé encore dans le Lot-et-Garonne, bien qu'il soit difficile de limiter leur nombre, sans doute beaucoup plus considérable autrefois.

(1) *Notice historique sur la ville de Castillonnès*, par M. J. Oscar Bouissy. Villeneuve-sur-Lot, 1885, p. 7.

L'une, comme le nom l'indique, au lieu de *La Tourasse*, commune de Clermont-Dessus, canton de Puymirol, arrondissement d'Agen ; à 3,500 mètres à l'est de Clermont-Dessus, sur la pente des premiers coteaux qui dominent la rive droite de la Garonne, et sur le parcours présumé de la voie romaine d'Agen à Toulouse. Lieu indiqué sous ce nom par Cassini et par l'État-major. Signalée comme telle par M. Tholin.

L'autre, également signalée par M. Tholin, à l'autre extrémité ouest du département, près de *Meillan*, comme ayant pu s'élever sur le parcours d'un chemin, fort important au moyen âge, restauré au XVIIe siècle et indiqué dans les livres de Jurades de cette ville, sous le nom de *chemin de Peyrelongue*. On trouve, du reste, à 3,500 mètres au sud-est de Meillan, un endroit qui porte encore le nom de *Peyremadone* ou *Peyrelevade* (pierre levée). Ne serait-ce pas le lieu où il faudrait chercher la pile supposée ?

III. — Lot.

1. *Pile de Duravel.* — Commune de ce nom, canton de Puy-l'Évêque, arrondissement de Cahors.— A 100 mètres environ au nord-ouest de la gare, en plaine et sur la rive droite du Lot. Elle n'a été signalée par personne.

Comme la Tourasse d'Aiguillon, cette pile est circulaire et massive. Elle était jadis parementée en petit appareil ; mais le lierre qui la recouvre en son entier l'a malheureusement complétement dégradée.

C'est à peine si l'on peut constater la présence et la dureté du ciment romain.

Le *Roc de la pile*, (c'est le nom qu'on lui donne dans le pays), mesure 26^{m} 75 de circonférence. Sa hauteur actuelle n'est plus que de 4^{m} 46.

Adossée contre une maison, il ne reste plus d'apparent que la moitié environ de cette pile.

Doit-on la considérer comme un tombeau ? On y a trouvé, il y a quelque années, une urne en pierre qui renfermait un vase contenant des cendres. Cette urne ressemblait aux urnes de sépultures découvertes récemment dans la Creuse et d'un type particulier. Elle est actuellement déposée au Musée de Cahors.

La voie romaine passait tout à côté.

2. *Les Aiguilles de Figeac.* — Nous ne croyons pas devoir comprendre, dans cet inventaire des piles gallo-romaines du Sud-Ouest de la France, les fameuses Aiguilles de Figeac, si connues et si souvent décrites. Des quatre pyramides de pierre établies aux quatre points cardinaux de cette ville, deux seulement subsistent encore. Elles servaient, croit-on, à délimiter uniquement le territoire de la célèbre abbaye de Saint-Sauveur. N'ayant aucun rapport avec les monuments qui nous occupent, nous n'insisterons pas davantage sur elles.

IV. — Haute-Garonne.

Les piles de la Haute-Garonne, toutes situées dans la partie sud de ce département et assez rapprochées les unes des autres, méritent une mention spéciale. On connaît actuellement l'existence de quatre de ces monuments.

1 et 2. *Piles de Labarthe de Rivière.* — Commune de ce nom, canton et arrondissement de Saint-Gaudens. — Non indiquées par Cassini ni l'État-major; signalées par Joanne, p. 185; le long de la voie romaine de Toulouse à Dax, dans la plaine de la Garonne.

Des deux piles qui existaient autrefois en cet endroit, celle qui reste est dans un assez bon état de conservation. De forme carrée, elle mesure 3^{m}45 de largeur sur chacune de ses faces. Elle est divisée en deux étages, d'une hauteur égale de 4 mètres. Le premier, plein, revêtu d'un parement en petit appareil; le second, percé d'une niche en berceau plein-cintre, à fond plat, tournée vers l'est. Ce second compartiment est couronné par une pyramide quadrangulaire de 1^{m}50 de hauteur, bien conservée, vrai modèle du genre. La hauteur totale de cette pile est de 10 mètres environ.

Les deux piles de Labarthe sont connues depuis fort longtemps. Du Mège, qui les a vues, dessinées et décrites le premier, nous apprend qu' « elles sont placées à une médiocre distance l'une de l'autre, sur le bord de la voie romaine, et que l'on doit regretter la perte des deux statues qui remplissaient autrefois les niches de ces deux obélisques : des fouilles faites

PILE DE LABARTHE.

au pied de l'un de ces monuments ayant produit la découverte d'une cuisse et d'une main en marbre, de proportion colossale et d'un très beau travail » (1).

(1) *Monuments religieux des Volces-Tectosages, ou fragments de l'archéologie pyrénéenne,* par Al. du Mége (Paris, 1814), p. 114 et pl. V, n° 5 et 6.

Dans les dessins qu'il en donne, les deux piles ont deux niches à peu près semblables, toutes deux tournées vers l'est.

Cénac-Moncaut les signale également (1) et ajoute que « comme la seconde pile vient d'être démolie (1856) », il n'a pu vérifier « si toutes deux étaient placées régulièrement sur la même ligne ». Mais il lui est permis d'en douter, celles d'Artigues près de Mirande, également doubles, qu'il a vues et auxquelles il les compare, « ne se trouvant pas sur le même axe et semblant avoir été construites au hasard, quoique à la même distance, paraissant faire partie d'une enceinte sacrée ». Il reproduit la pile restante dans une planche hors texte.

A. de Caumont en donne également un dessin p. 44-46 de son *Ère gallo-romaine*.

Enfin, de nos jours, cette pile a été étudiée par M. Anthyme Saint-Paul dans le tome XXXI du *Bulletin monumental*, par P. Barry dans sa *Monographie du Dieu Leherenn d'Ardiège* (p. 49), par notre regretté confrère J. de Laurière dans son *Compte-rendu de l'excursion de la Société française d'Archéologie, le 3 juin 1874, à Valcabrère et à Saint-Bertrand de Comminges* (41e Congrès, p. 252), enfin par M. J. de Lahondès dans son *Rapport au Congrès archéologique de Pamiers* (1884).

Le dessin que nous en donnons est pris du nord-est, d'après une photographie de M. J. de Laurière.

(1) *Voyage archéologique et historique dans l'ancien Comte de Comminges et dans celui des Quatre-Vallées* (Tarbes, Telmon, 1856), p. 31.

3. *Pile de Beauchalot.* — Commune de ce nom, canton de Saint-Martory, arrondissement de Saint-Gaudens. — A 10 kilomètres à l'est de la pile de Labarthe. Toujours sur le bord de la voie romaine. Non indiquée sur les cartes.

Du Mège l'a décrite ainsi, l'un des premiers : « On trouve entre le village de l'Estelle et Beauchalot, sur le bord de l'ancienne voie, un obélisque très bien conservé. Ce monument, qui a plus de 40 pieds de haut, est formé de petites assises de pierre ou de marbre. Une niche destinée à contenir une statue colossale est creusée dans la masse. Cette statue ne subsiste plus, mais on doit croire qu'elle représentait Mercure, dieu protecteur des routes, du commerce et des voyageurs (1) ». Il en donne un dessin, planche V, n° 7, où l'on remarque, au-dessous de la niche, une double arcature à plein-cintre.

Cette singularité est également signalée par M. Cénac-Moncaut. « La pile de Beauchalot, écril il (2), paraît avoir toujours été isolée. Sa construction ne se distingue de celle de Labarthe-Rivière que par deux arcatures à plein-cintre de dégagement, dessinées au-dessous de la niche, près des archivoltes en saillie ».

La pile de Beauchalot existe encore, mais en fort mauvais état.

Nous ignorons si des fouilles ont été pratiquées autour.

4. *Piles de Tourreilles.* — Commune et canton de

(1) *Monuments religieux des Volces-Tectosages*, etc., p. 111 et 112 et pl. V, n° 7.

(2) *Voyage dans l'ancien comté de Comminges* (1856), p. 31, note.

Monréjeau, arrondissement de Saint-Gaudens. — A 4 kilomètres au nord de Monréjeau, sur la rive gauche de la Garonne et à 16 kilomètres à l'ouest de la pile de Labarthe. Non indiquée.

Nous ne connaissons de cette pile que ce qu'en dit M. Anthyme Saint-Paul, au tome 1er, 4e série, du *Bulletin Monumental*, p. 149. (1865) : « La pile de Monréjeau est analogue à celle de Labarthe, mais plus petite et moins bien conservée. Elle est barlongue et tournée vers l'est. Elle est aussi divisée dans sa hauteur en deux parties distinctes, dont l'une est en retraite sur l'autre. La partie inférieure est bâtie en pierres de 12 à 15 centimètres de hauteur, disposées par assises séparées par une couche épaisse de ciment. L'appareil de la partie supérieure est beaucoup plus soigné. Les assises ont de 7 à 10 centimètres de hauteur et les joints de pierre sont très larges. A l'est, du côté qui regarde la voie, on trouve alternativement une assise de pierres jaunes et deux assises de pierres noirâtres. La base de la niche se voit encore. Elle paraît très peu profonde pour avoir contenu une statue. Peut-être était-elle recouverte d'une plaque de marbre avec un bas-relief ou une inscription » (1).

Il ne reste plus rien de cette pile.

5. — Faut-il considérer comme les débris d'une ancienne pile, ainsi qu'a cherché à le prouver M. Barry, ou plutôt comme les soubassements d'une porte de ville ou d'un arc de triomphe, ce reste de

(1) M. l'abbé Lecler reproduit ce passage, en signalant cette pile dans son intéressante *Étude sur les Lanternes des Morts* (Limoges, 1882).

construction romaine en petit appareil, massif rectangulaire de 2m 50 de longueur, que l'on voit sur le bord de la route qui mène de Labroquère à Saint-Bertrand-de-Comminges, un peu avant d'arriver à *Valcabrère ?* Posée par M. J. de Laurière au Congrès de Toulouse (1), cette question n'a point été définitivement tranchée.

V. — Ariège.

Deux piles dans l'Ariège :

1. *Pile de Luzenac.* — Commune de Moulis ; canton et arrondissement de Saint-Girons. — A 7 kilomètres sud-ouest de Saint-Girons. Située dans un champ, à 30 mètres environ de la route. Aucune carte ne l'indique.

Avec les piles de La Barthe et de Saint-Lary, une des mieux conservées de tout le Sud-Ouest. A peu peu près carrée. Elle mesure sur ses faces est et ouest 2m76 de largeur ; sur ses faces nord et sud 2m70. Divisée en trois étages, revêtus d'un parement en petit appareil, elle possède à sa partie supérieure une niche, tournée vers l'est, dont la voûte est détruite. La hauteur totale actuelle de la pile est de 7m36.

Dans le compte-rendu de l'excursion dans la vallée du Lez, lors du congrès tenu à Pamiers en 1884 par la Société française d'Archéologie, M. J. de Laurière consacre une mention spéciale à la pile de Luzenac

(1) *Congrès arch. de France*, XLIe session (1875), p. 262.

et en reproduit le dessin (p. 130-133). Il y voit, comme dans ses semblables, un monument religieux, ayant porté dans sa niche une divinité païenne, protectrice des grands chemins.

PILE DE LUZENAC.

Une note de ce même mémoire signale des fouilles faites depuis, autour de la pile de Luzenac, par MM l'abbé Cau-Durban et Pasquier. Ces derniers ont trouvé, à 0^{m}40 au-dessous du niveau actuel et devant la face orientale qui porte la niche, un tronçon de voie antique, large de 4 mètres. Cette pile aurait donc été construite, comme la plupart, le long d'une voie romaine.

M. J. de Lahondès, président de la Société archéologique du Midi de la France, l'assimilant à d'autres piles analogues, découvertes récemment en Tunisie, avec niche pour statue et inscription funéraire, pense qu'il ne faut voir en ces sortes de monuments que des tombeaux.

Notre vue est prise du sud-est, d'après une photographie de M. de Laurière.

2. *Pile de Marsan.* — Dans une note du même mémoire, sur l'excursion du Lez, M. de Laurière rend compte en ces termes de la découverte d'une seconde pile dans le département de l'Ariège :

« D'un autre côté, MM. Cau-Durban et Pasquier nous signalent l'existence d'une nouvelle pile, ou du moins la base de l'un de ces monuments, restée encore inaperçue et qu'ils ont reconnue à mi-côte de la colline dite de *Marsan*, entre Saint-Girons et Saint-Lizier, non loin de la route établie sur la rive droite du Salat. Ce tronçon, parementé en petit appareil, mesure 4 mètres de largeur sur chaque face et 3^{m}50 en moyenne de hauteur ».

3. *Pile de Saint-Girons.* — Enfin, il existerait une troisième pile dans ces mêmes parages, dont les ruines ont été récemment découvertes, toujours par MM. l'abbé Cau-Durban et Pasquier, auprès du cimetière de Saint-Girons. Ce qu'il en reste s'élève à peine à la hauteur de 2 mètres. Une courte description en a été

donnée par eux dans le *Bulletin de la Société Ariégeoise.*

VI. — Hautes-Pyrénées.

Pile de Vielle ou de l'Estelou. - En Bigorre, près du village de Vielle-sur-Adour, commune de ce nom, canton sud et arrondissement de Tarbes. — A peu près à égale distance de Tarbes et de Bagnères-de-Bigorre. Dans la plaine et sur la rive droite de l'Adour. Aucune carte, aucun guide ne la mentionnent.

En revanche, de nombreux auteurs l'ont signalée.

Dans ses *Essais historiques sur le Bigorre* (t. 1, p. 49; 1823), Davezac-Macaja la décrit ainsi : « L'*Estelou* est une colonne carrée de 30 pieds de haut sur 8 de côté, bâtie par assises de pierres presque cubiques, et de briques ; les revêtements sont encore conservés dans quelques parties. A 20 pieds de terre environ, est une niche qui jadis contenait sans doute le *Mercurius viacus* ». M. Joudou, dans son *Guide aux Pyrénées*, nous dit qu'une statue de saint Michel occupa dans la suite cette niche et que le monument en prit le nom d'*Estelou de San Miqueu.* « Sur une route appelée de nos jours *Césarée*, ajoute M. Davezac, l'Estelou de Vielle indique le passage d'une voie romaine dans l'endroit où elle se trouve placée. Des fouilles y découvriraient sans doute des chaussées ».

Citée par M. Ch. des Moulins, dans le *Bulletin monumental* de 1844, page 296, par M. Curie-Seimbres, dans son ouvrage sur *Capvern*, voici comment M. Cénac-Moncaut, dans son *Voyage archéologique dans l'ancien comté de Bigorre*, p. 6, parle de cette pile : « Située non loin de Montgaillard et sur la rive droite de l'Adour, la pile *del Estelou* ne présente plus qu'un cube carré de 3ᵐ50 sur chaque face. Il est formé d'une maçonnerie pleine, recouverte d'un revêtement de petit appareil romain. Quoique cette construction n'ait pas aujourd'hui (1856), plus de 2ᵐ50 d'élévation, il est facile en la comparant aux monuments de la même classe, de comprendre qu'elle se terminait en pyramide quadrangulaire à la hauteur de 5 à 6 mètres. Elle devait présenter aussi à l'est une niche plein-cintre, occupée par la statue d'une divinité ».

La pile de Vielle n'existe plus. Elle a été détruite, croyons-nous, par le passage de la voie ferrée qui relie Tarbes à Bagnères-de-Bigorre.

VII. — Basses-Pyrénées.

Pile de Navarrenx.

Si le pan de mur romain en petit appareil, d'une hauteur de 10 à 12 mètres, que l'on voit isolé dans les champs, à 6 ou 700 mètres du chemin de fer, dans la plaine de *Montaut*, près de *Betharram*, n'est point, comme on l'avait supposé, une pile romaine, mais bien un débris de l'ancienne église, le département des Basses-Pyrénées aurait possédé cependant une vraie pile, en face de *Navarrenx*, commune et canton de ce nom, arrondissement d'Orthez. M. Ch. des Moulins, dans sa *Notice sur quelques monuments du Bigorre* (*Bulletin monumental*, 1844, p. 296), la cite comme « se trouvant en face de cette ville, dans la plaine, sur la route d'Oloron à Orthez ».

Les renseignements qui nous parviennent nous permettent de dire que cette pile n'existe plus. Nous nous demandons même encore, si elle a jamais existé?

VIII. — Hérault.

Piles de Causse. — Commune de Causse et Veyran, canton de Murviel, arrondissement de Béziers. — A 12 kilomètres environ de cette dernière ville, il existe encore une pile circulaire, massive, dont le revêtement en petit appareil ne laisse aucun doute sur son origine gallo-romaine. En partie démolie, d'une hauteur actuelle de 5 mètres et d'une circonférence de 7 mètres, il est impossible de déterminer si elle possédait une niche à sa partie supérieure.

Cette pile, dite de Causse, était accompagnée de trois autres piles rondes, identiques, aujourd'hui détruites, qui s'alignaient avec elle dans la direction du nord-ouest au sud-ouest. Elles étaient à 68 mètres de distance les unes des autres.

Signalées par M. Noguier, de Béziers, au Congrès de Pamiers, ces piles, dont deux existaient encore à ce moment (1884), ont été minutieusement décrites par M. Sabatier, dans son *Histoire de la Ville et des Evêques de Béziers* (1854). Cet auteur pense qu'elles n'ont aucun point de ressemblance avec les piles du Sud-Ouest, et que l'on doit voir en elles principalement des monuments triomphaux, élevés, en guise de trophées, pour perpétuer le souvenir de quelque importante victoire.

Les fouilles opérées à leurs pieds n'ont amené aucune découverte d'urnes funéraires, d'armes, de cendres, d'ossements. Situées au fond d'un étroit vallon, elles sont également éloignées de toute voie romaine.

IX. — Charente-Inférieure.

Les piles de la Saintonge et de l'Aunis ayant été récemment étudiées d'une façon toute particulière (1), nous nous contenterons, uniquement pour mémoire, de les énumérer et de les décrire très sommairement.

Le département de la Charente-Inférieure est, après celui du Gers, le plus riche de France en piles gallo-romaines. Il renferme les piles suivantes :

1. *Pile de Pirelongue.* — Commune de Saint-Romain-de-Benet, canton de Saujon, arrondissement de Saintes. — Sur le bord d'une ancienne voie romaine. Pile quadrangulaire, orientée. Largeur de chaque face, 6 mètres. Hauteur, 24 mètres. Terminée par une pyramide quadrangulaire. Pas de niche. En bon état de conservation.

La pile de Pirelongue a été maintes fois décrite. Autrefois par M. Chaudruc de Crazannes dans ses *Antiquités de Saintes*, puis par M. de Caumont dans son *Abécédaire gallo romain*, p. 41, qui en donne même un dessin.

Elle a été de nos jours l'objet d'une étude toute particulière de la part de M. A. F. Lièvre, bibliothé-

(1) Voir les remarquables travaux de MM. Lièvre, G. Musset, C. Jullian, etc., cités ci-après.

PILE DE PIRELONGUE

(Charente-Inférieure).

caire de la ville de Poitiers. D'abord sommairement décrite dans sa curieuse et très intéressante notice les *Fana* ou *Vernemets* (1), cet auteur lui a consacré une monographie spéciale, avec plan et photogravure à l'appui (2). De récentes fouilles ont permis de constater l'existence, sur trois de ses côtés, d'un mur d'enceinte. Ce qui, d'après M. Lièvre, lui donnerait un caractère sacré.

2. *Pile d'Ébéon.* — Commune d'Ébéon, canton de Saint-Hilaire-de-Villefranche, arrondissement de Saint-Jean-d'Angély. —Élevée sur l'ancienne voie romaine de Saintes à Poitiers. Aujourd'hui, bloc informe dépouillé de son revêtement en petit appareil.

Décrite d'abord par Claude Chastillon au XVIIe siècle, puis par Bourignon dans ses *Recherches sur les Antiquités de la Saintonge*, p. 205, par M. de Caumont, p. 43 de son *Ère gallo-romaine*, avec dessin, enfin de nos jours par M. Lièvre dans ses deux brochures précitées.

3. *Pile de Villepouge* ou de *Varaize* ou de *Chagnon.* Commune de Villepouge, canton de Saint-Hilaire-de Villefranche.—A 5 kilomètres de celle d'Ébéon, et, comme elle, en bordure de la même voie romaine de Saintes à Poitiers, au milieu d'une plaine, sur une légère éminence. Détruite en 1840, il ne reste plus rien de cette pile. Elle a été décrite par Claude Chastillon au milieu du XVIIe siècle, et de nos jours signalée par Bourignon et aussi par M. Lièvre.

(1) *Les Fana ou Vernemets du Sud-Ouest de la Gaule*, par M. A. F. Lièvre (Paris 1888).

(2) *Pirelongue et la question des Piles* (Caen, 1896). Extrait du *Congrès archéologique de Saintes.*

Fouilles très importantes, opérées en ces derniers temps sur l'emplacement de cette ancienne pile par M. le docteur Gaillaud, professeur à la Faculté de Médecine de Bordeaux, et dont M. G. Musset a rendu compte dans les diverses livraisons de la *Revue de Saintonge et d'Aunis* pour l'année 1897 (1). D'après les rapports de ces deux archéologues, la pile de Varaize, ou le Fanum de Chagnon, ainsi qu'ils l'appellent indistinctement, aurait été, comme la pile de Pirelongue, « précédée d'une enceinte quadrangulaire, à murs épais, formant une petite cour, dans laquelle on pénétrait par une sorte de portique ouvrant sur la voie romaine ». C'est dans cette cour qu'on a découvert une grande quantité de débris sculptés, des poteries grossières, quelques os d'animaux, des monnaies impériales, un petit triangle, une bague en cuivre, enfin, choses remarquables ! une tête colossale, ayant $0^{m}75$ de hauteur, dont la *Revue de Saintonge et d'Aunis* (p. 254, 1897), reproduit la photographie et qui, d'après le compte-rendu de M. Henri Luguet, dans le *Bulletin de la Société des Antiquaires de l'Ouest* (p. 457, avril 1897), représenterait la tête d'une divinité païenne, « peut-être Isis, peut-être Isis-Mercure, peut-être la Fortune associée au dieu des marchands, au Mercure-Victor, dont les fana étaient les temples », et à côté deux tablettes de plomb, couvertes de caractères cursifs, qui ont fait l'objet d'une étude de M. C. Jullian, communiquée à l'*Académie des Inscriptions et Belles-Lettres* (*Bulletin* de mars-avril 1897).

(1) *Revue de Saintonge et d'Aunis*, 17e vol., 1re livraison, p. 15. — Idem, 4e livr., p. 252. — Voir aussi : *Congrès des Sociétés savantes de 1897*. Séance du mercredi matin, 21 avril.

D'après ce remarquable mémoire, reproduit également par la *Revue de Saintonge et d'Aunis*, avec une héliogravure des deux tablettes (livraison du 1er juillet 1897, p. 254 et suiv.), et après avoir déchiffré le texte de ces formules bizarres, M. Jullian croit que « le diptyque de Chagnon est ce que les anciens appelaient « des Tablettes de dévotion » ou « de maléfice » ou « d'envoûtement », sur lesquelles on gravait au poinçon les noms de ceux que l'on vouait aux dieux infernaux, et souvent aussi la nature du supplice qu'on leur souhaitait. Elles étaient d'ordinaire déposées dans un tombeau, à destination des dieux infernaux, Pluton ou Proserpine, chargés d'exécuter les menaces qu'elles renfermaient ». D'après l'éminent épigraphiste, le diptyque de Chagnon serait un des mieux rédigés, des plus vivants, pour ainsi dire. L'inscription qu'il renferme « serait une exécration prononcée par un Romain ou une Romaine contre deux adversaires en justice. C'est le procès-verbal d'une scène de magie fort complète, semblable à celles auxquelles ont présidé tous les magiciens, depuis les sorciers de l'ancienne Égypte jusqu'aux occultistes contemporains. Elle nous fait assister à un maléfice, ou à un *envoûtement de haine* ». Et, après avoir détaillé savamment chacune des interprétations de ce texte curieux, après avoir comparé cette inscription aux inscriptions grecques et latines de sens identique, M. Jullian conclut en disant que « le diptyque de Chagnon nous fait assister à une de ces manœuvres qu'on dirigeait contre les avocats et qui pouvaient au besoin tenir lieu de plaidoiries. Ce n'est donc pas seulement une curiosité archéologique, c'est aussi une pièce de procédure, j'entends de procédure infernale ».

4. *Tour de Barzan.* — Commune de ce nom, canton de Cèzes, arrondissement de Saintes. — Appelée aussi *Le Fâ*. Sur une voie romaine. Aujourd'hui détruite.

Décrite par Bourignon et M. Lièvre (ouvrages précités).

5. — Enfin, M. Lièvre signale à *Saintes* même, dans le faubourg Saint-Saloine, les soubassements d'une pile, parementée en petit appareil, clôturée, comme Pirelongue, de trois côtés seulement par un mur d'enceinte, avec un couloir intermédiaire de 70 centimètres (1).

X. – Charente.

Deux piles seulement dans la Charente.

1. *Pile de Sireuil.* — Commune de ce nom, canton d'Hiersac, arrondissement d'Angoulême. — Appelée aussi *Le Fâ*. Restes informes à une centaine de pas de la Charente sur les confins du canton de Châteauneuf ; loin de toute voie romaine.

Décrite au XVIe siècle par Cerlieu dans son *Recueil en forme d'histoire*, chapitre II, puis par Michon, vers 1840, dans sa *Statistique monumentale de la Charente*, p. 197 ; enfin, signalée par M. A. F. Lièvre, dans ses deux ouvrages précités.

2. *Pile de Loubert.* -- Commune de ce nom, canton de Saint-Claud, arrondissement de Confolens. —Très

(1) *Pirelongue* par M. Lièvre, p. 10.

douteuse. Soupçonnée seulement par M. Lièvre dans son étude sur les Fana, p. 8.

XI. — CORRÈZE.

1. *Piles de Brive.* Au Congrès des Sociétés savantes de l'année 1863, Mérimée a signalé dans le département de la Corrèze, à la séance du 27 avril, quatre piles se trouvant aux environs de Brive. Deux étaient déjà détruites. Les deux dernières existaient encore à cette date, mesurant de 16 à 17 mètres d'élévation (1).

2. *Piles de Treignac.* — Arrondissement de Tulle.

Dans son remarquable travail sur les *Lanternes des Morts*, p. 101, M. l'abbé Lecler signale deux piles dans le cimetière même de Treignac. L'une est carrée et mesure 2m 40 de hauteur. Ses côtés ont 2m 10 de longueur. Elle possède à sa partie supérieure une niche cintrée, recouverte par une toiture à deux eaux.

L'autre est ronde, d'un diamètre de 1m 70, d'une hauteur de 3m 10. A moitié hauteur et au-dessus d'un cordon formant saillie, elle possède également une niche cintrée (2).

(1) *Recueil des Sociétés savantes*, 3e série, t. II, p. 5, 9, 10, etc. (1863).

(2) *Étude sur les Lanternes des Morts*, par M. l'abbé Lecler (Limoges 1882).

XII. — Haute-Vienne.

1. *Pile de Chalus.* — Commune de ce nom, canton et arrondissement de Saint-Yrieix.

« On voyait encore, écrit M. l'abbé Lecler dans son ouvrage précité, à Chalus, il y a quatre ans, une pile de forme ronde, élevée sur le bord de la route de Nontron, à la jonction du chemin de Champagnac. Sa hauteur totale était d'environ 3 mètres. Au-dessous de sa toiture conique, s'ouvrait une niche assez vaste, dans laquelle était une statue de saint Roch. Une grille protégeait les ornements et les fleurs dont on parait ce saint. Le 16 août, le clergé et les fidèles y venaient en procession. Aujourd'hui cette niche est ensevelie sous un talus formé par le chemin de fer, dans la partie de la chaussée qui touche le pont ».

XIII. — Indre-et-Loire.

1. *Pile de Saint-Mard* ou *Saint-Mars*, ou encore *Cinq-Mars-la-Pile.* — Commune de ce nom, canton de Langeais, arrondissement de Chinon.

La plus connue de toutes les piles, si tant est qu'il faille voir en elle une pile plutôt qu'un fanal ou une lanterne des morts. Carrée, en briques, de 28 mètres de hauteur sur 4 mètres de largeur, terminée par une pyramide ornée de cinq tourelles, quatre aux angles, une au sommet. Pas de niche.

Décrite et dessinée par La Sauvagère dans son *Recueil d'Antiquités dans les Gaules*, p. 159; par

La Saussaye dans un mémoire spécial ; par M. de Caumont dans le *Bulletin monumental*, t. IV, p. 256, et dans son *Ère gallo-romaine*, p. 42; M. A. F. Liè-

LA PILE DE CINQ-MARS OU SAINT-MARD.

vre dans sa brochure les *Fana* et aussi dans celle sur *Pirelongue*, etc. Citée par de nombreux archéologues, MM. Palustre, de Laurière, etc.

2. *Pile d'Amboise.* — Aujourd'hui détruite, mais indiquée déjà par Sulpice Sévère, dans ce passage du Dialogue III, chap. 9 : « *In vico Ambatiensi* (Amboise-sur-Loire) *politissimis saxis moles turrita surrexerat, quæ in conum sublime procedens, superstitionem loci operis dignitate servabat* » ; laquelle tour portant des idoles, aurait été renversée miraculeusement par l'intervention de saint Martin.

Faut-il voir dans ce texte, comme dans les deux vers suivants de saint Paulin de Nole,

Idolicæ effigiem celsissima fulcra columnæ
Tollebant junctis procul ad sublimia saxis,

et, en ces tours massives, qui portaient si haut les images des idoles, des piles analogues à celles que nous venons de décrire ? Dans sa *Monographie du Dieu Leherenn d'Ardiéges*, M. Barry n'hésite pas à les identifier à ce genre de constructions.

XIV. — Maine-et-Loire.

Pile d'Andard. — Commune de ce nom, canton et arrondissement d'Angers. — Signalée par M. Lièvre, d'après M. Célestin Port (*Dictionnaire du Maine-et-Loire*, v. Andard).

Dans le premier quart de ce siècle, « on aurait en effet, d'après cet auteur, mis à découvert près de ce lieu un massif ou pilier en pierres de 5 mètres sur chaque face, en maçonnerie pleine, entouré d'un chemin de ronde, large d'un mètre ». Ne peut-on pas y voir les traces d'une pile gallo-romaine ?

XV. — Tunisie et Sardaigne.

Faut-il également assimiler à nos piles gallo-romaines du Sud-Ouest de la France les nombreux monuments romains, avec niche et inscription funéraire, que l'on a découverts en Tunisie? Jusqu'à plus amples informations, nous croyons à cet égard devoir réserver notre opinion. Même observation pour certains monuments identiques qui auraient été trouvés, paraît-il, en Sardaigne. Tout ce que nous pouvons dire, c'est qu'il n'existe dans toute l'Italie aucun édicule semblable aux nôtres. D'où il ne nous semble pas téméraire de conclure que ce genre de monuments était spécial à la Gaule et plus encore à la région du Sud-Ouest.

II

Quelle était la destination des piles?

Ainsi que nous l'avons déjà écrit au cours de ce travail, nous croyons que, dans l'état actuel des choses, il est téméraire de vouloir chercher à résoudre cette question, aucun document formel n'étant venu permettre, jusqu'à ce jour, de la trancher définitivement.

Chacun des archéologues, qui, depuis plus d'un siècle, a abordé ce sujet délicat, a formulé une opinion différente ; et chacun, il faut le reconnaître, a fourni à l'appui de sa thèse, plus d'un argument convaincant.

Quelques-uns, comme M. Sabathier, dans son *Histoire de Béziers,* et, après lui, M. Noguier, ont vu dans les piles de l'Hérault des *monuments triomphaux*, des sortes de trophées de pierres, commémoratifs de quelque important succès militaire. Ils se basent sur ce que les piles de cette région sont éloignées de toute voie romaine et que, dans les fouilles pratiquées à l'entour, on n'a découvert aucun indice qui puisse les faire considérer comme des tombeaux.

D'autres croient voir dans les piles, situées sur les hauteurs, des *fanaux* ou porte-lumières, destinés à éclairer la marche des troupes ou des voyageurs. Comment expliquer alors celles qui se trouvent dans les bas-fonds, loin de tout chemin, souvent côte à côte et quelques-unes privées de niches ?

Ne seraient-elles pas simplement, ainsi que le pensent MM. Chaudruc de Crazannes, de Caumont et récemment M. G. Tholin, des *bornes milliaires*, sortes de poteaux indicateurs, établies le long des voies antiques, soit pour jalonner les routes soit pour marquer les confins ou *Fines* de territoires entre peuplades différentes? Les trois piles du département de Lot-et-Garonne, de Bourran, d'Aiguillon et de Buzet, à trois lieues gauloises l'une de l'autre, toutes trois le long de la Ténarèse et la voie romaine qui la prolonge en remontant la vallée du Lot, semblent devoir leur donner raison. Mais quel serait alors le but de celles qui, comme dans le Gers, sont tantôt éloignées, tantôt rapprochées les unes des autres, à une distance toujours inégale, et dont quelques-unes sont perdues, loin de toute voie de communication, dans des vallées marécageuses ?

Beaucoup ne voient dans les piles gallo-romaines que des monuments funéraires, des *Tombeaux*. La plupart des fouilles, opérées autour d'elles, semblent venir confirmer cette manière de voir. La pile de Biran a fourni, on le sait, une épée romaine, des monnaies, une clef. Des monuments de la Tunisie, qu'on a assimilés aux piles, peut-être à tort, recouvrent des cadavres et sont ornés d'inscriptions funéraires. Aussi voyons-nous M. J. de Lahondès. se basant sur des fouilles pratiquées autour de la belle pile de Luzenac, et avec lui M. P. du Chatellier, défendre cette opinion, ce dernier assimilant les piles aux menhirs bretons et ayant déclaré, au Congrès des Sociétés savantes de 1896, que, « ayant fouillé plus de soixante-dix menhirs, il avait trouvé sous presque tous, des ossements, des cendres, du charbon, des urnes, en un mot tout ce qui doit les faire considérer comme des monuments funéraires ». M. l'abbé Bosseboeuf, allant même plus loin, regarda, au Congrès de 1897, les piles « comme les piédestaux de statues, de divinités, ou de personnages importants, enterrés au-dessous, dont on voulait perpétuer le souvenir ».

L'opinion cependant qui réunit de nos jours le plus grand nombre d'adhérents est celle qui les considère comme des *monuments religieux*.

Les uns, comme MM. du Mège, de Saint-Amans, Cénac-Moncaut, de Caumont, Barry, Allmer, etc., n'y voient que de simples temples, des *fana*, affectés à abriter dans leurs niches des statues de divinités païennes, de Mercure ou de Pan, protectrices des grands chemins, des voyageurs, des agriculteurs ; temples que le christianisme chercha d'abord à détruire, puis transforma aux Ve et VIe siècles en *Monjoies*, en chapelles rustiques, lesquelles gardèrent cette destination durant tout le moyen âge.

Les autres, et en tête de ces derniers, il faut citer M. A.-F. Lièvre, les assimilent aux *pierres-idoles*, et en font, au début, un objet direct du culte. Considérées avec les menhirs comme des fétiches, des *simulacra constructa*, ainsi que l'écrivent Sulpice-Sévère, Paulin de Nole, Fortunat, etc., ces piles, dénommées à cette lointaine époque *Nemets* ou *Vernemets*, n'auraient pas été tout d'abord les temples de tel ou tel dieu, mais bien le dieu lui-même. C'est ainsi que s'expliquerait leur élévation en des endroits retirés, sommets de coteaux, bois épais, bas-fonds marécageux, tous propres à inspirer une terreur religieuse, par suite sacrés. Combattus comme tels avec acharnement par les premiers chrétiens, beaucoup alors auraient été détruits (1). Puis, l'occupation romaine les aurait transformés. De l'état de dieux, dieux de la fécondité notamment, affectant pour cette raison, ainsi que certains se sont plu à le dire, la forme de Phallus gigantesques, les Nemets seraient tombés à celui de temples, mais toujours, conformément à leur origine, dédiés au Soleil, le grand dieu fécondant. C'est alors qu'ils auraient été revêtus du parement en petit appareil romain, plus élégant, et que sur les nouveaux construits auraient été creusées

(1) Voir : *Une fête solaire en Agenais au Ve siècle*, par M. A.-F. Lièvre (Extrait du *Bulletin de la Faculté des Lettres de Poitiers*, 1892).

les niches, presque toutes tournées vers le soleil levant. Alors aussi se serait élevé, autour de la plupart, ce mur de clôture, où l'on croit voir une enceinte sacrée, réservée aux prêtres seuls. Nos piles du Gers, avec niches, dateraient de cette période de transformation. En dernier lieu, c'est l'opinion de notre collaborateur M. Ad. Lavergne, quelques-uns auraient subi une dernière métamorphose. De temples fermés, ils seraient devenus ouverts, comme la Monjoie de Roquebrune, affectant cette forme particulière de *cella* rectangulaire, à chevet plat et à voûte en berceau plein-cintre, première ébauche de nos plus anciennes églises romanes, et type-mère des petits oratoires rustiques du moyen âge, désignés communément sous le nom de Monjoies.

Enfin, quelques auteurs, et non les moins prudents, parmi lesquels nous devons signaler M. A. Nicolaï, dans plusieurs communications verbales aux Sociétés savantes, estiment que les piles ont dû avoir plusieurs destinations différentes et servir simultanément les unes de fanaux, les autres de bornes milliaires, d'autres enfin de monuments religieux et de tombeaux. Ces deux dernières destinations, du reste, ne sauraient s'exclure. Les cimetières n'ont-ils point, jusqu'à ces derniers temps, été établis pour la plupart autour des églises, et les personnages de marque, enterrés sous les dalles même de nos plus belles cathédrales ?

Si les tablettes de bronze, trouvées récemment au-devant de la pile de Varaize, contiennent, ainsi que le prouve M. C. Jullian, des formules judiciaires, ne pourrait-on point considérer les piles comme des temples, où se rendait la justice, sortes de prétoires en plein air devant lesquels se discutaient les affaires litigieuses ?

Le champ reste ouvert à toutes les hypothèses. Le plus sage, avant de conclure, est, croyons-nous, d'attendre. Faisons des vœux toutefois pour que le plus de fouilles possible soient effectuées autour des piles encore existantes, et qu'aucun acte nouveau de vandalisme ne vienne plus, à l'avenir, détruire ces énigmatiques constructions.

Valence-sur-Baïse, novembre 1897.

www.ingramcontent.com/pod-product-compliance
Ingram Content Group UK Ltd.
Pitfield, Milton Keynes, MK11 3LW, UK
UKHW031946260826
14628UKWH00004B/1881

9 782019 628253